LA
SOURCE PRUNELLE
A VICHY

Et les complaisances de l'administration
préfectorale et ministérielle
en faveur de la Compagnie de Vichy.

TENTATIVE DE CONFISCATION

**des droits inhérents à la propriété, tels
qu'ils sont définis par la loi.**

~~~

Devenu propriétaire de ce qui était autrefois la partie
orientale du jardin Montaret, de ce qui forme aujour-
d'hui l'encoignure de la rue de ce nom et de la place
Lucas, en face de l'hôpital militaire, à Vichy, j'ai défi-
nitivement capté, en novembre 1873, une source minérale très-abondante, qui se perdait dans les sables
supérieurs, et dont l'existence avait été signalée de-
puis longtemps, et, notamment, dans un rapport offi-
ciel du savant inspecteur Prunelle, dont elle devait
porter le nom.

Les représentants du Domaine connaissaient ce rapport; ils connaissaient aussi cette source. Il leur en
aurait peu coûté d'acheter l'immeuble qui la renfer-
mait. Ils m'ont laissé tranquillement en devenir l'ac-
quéreur, par voie d'adjudication publique, à deux
reprises différentes. Mes adversaires ont, sans doute,
pensé qu'avec les protecteurs qu'ils ont conservés,
en haut lieu, ils n'avaient pas besoin de se mettre en

frais d'acquisition de propriété; qu'avec des rapports complaisants comme ils savent en obtenir, des arrêtés préfectoraux pris à tort et à travers, et des procès dénués de tous fondements, ils arriveraient à se débarrasser d'un concurrent qui les a toujours gênés, et qu'avec le haut patronage de M. Rouher et l'aide de ses créatures, ils n'ont cependant pas pu anéantir.

« *Quand on a le pouvoir et la force entre les mains*, me disait au mois de juin 1874, un des hauts fonctionnaires du Ministère du commerce, qui se croit encore au temps de l'Empire, et que je m'efforçais de convaincre de la bonté de ma cause, *on peut se passer du droit*. » C'est en effet à cette pensée, véritablement surprenante, que j'attribue la tentative de spoliation dont je suis actuellement menacé : le Gouvernement auquel j'adresse cette publication, et les baigneurs qui la liront, en demeureront comme moi, convaincus et confondus.

N. LARBAUD,

propriétaire de la source Prunelle.

Décision souveraine au mépris de laquelle l'administration préfectorale ne craint pas de procéder aujourd'hui.

AU NOM DU PEUPLE FRANÇAIS,
Le Conseil d'Etat statuant au contentieux,
Sur le rapport de la section du contentieux,
Vu les requêtes sommaire et ampliative présentées pour le sieur Larbaud, pharmacien à Vichy, et enregistrées au secrétariat du contentieux au Conseil d'Etat, les 4 février et 13 mars 1874; — Vu ensemble le nouveau mémoire présenté pour ledit requérant et enregistré comme ci-dessus, le 16 juillet 1874, lesdites requêtes et ledit mémoire tendant à ce qu'il plaise annuler pour excès de pouvoirs un arrêté en date du 6 décembre 1873, par lequel le préfet du département de l'Allier, sur le rapport des ingénieurs des mines, touchant les fouilles entreprises à Vichy par le sieur Larbaud, dans le voisinage des sources d'eau minérale appartenant à l'Etat, a ordonné que ces fouilles seront d'urgence et sans aucun délai suspendues;

Ce faisant, attendu que le requérant n'a entrepris sur son terrain aucun sondage ni travail souterrain ; qu'il s'est borné à opérer une simple fouille à ciel ouvert, que ces travaux n'imposaient à leur auteur ni l'obligation de se munir d'une autorisation préalable, ni même celle de faire une déclaration au préfet, conformément aux prescriptions de l'article 3 de la loi du 14 juillet 1856 ; qu'en effet ces obligations, qui diffèrent suivant le caractère des travaux, ne sont imposées aux propriétaires qu'autant qu'il s'agit d'une source minérale déclarée d'utilité publique et pourvue d'un périmètre de protection ; attendu que, si une partie des sources que l'Etat possède sur le territoire de Vichy ont été déclarées d'utilité publique par décret du 23 janvier 1861, la nouvelle source Lucas, distincte de l'ancienne du même nom, et la plus voisine des travaux du requérant, n'aurait pas même été déclarée d'utilité publique, et qu'en tout cas, aucun périmètre de protection n'a été assigné aux sources de Vichy ; attendu que les dispositions des articles 5 et 6 de la loi précitée du 14 juillet 1856, ne s'appliquent pas davantage aux travaux du sieur Larbaud, par le motif qu'ils ont le caractère de fouilles à ciel ouvert et non de sondages ou travaux souterrains ; attendu, d'autre part, que les formalités prescrites par les articles 16, 17 et 18 du décret du 8 septembre 1856, n'ont pas été observées ; — Annuler l'arrêté attaqué avec toutes conséquences de droit ;

Vu l'arrêté attaqué ;

Vu les observations du ministre de l'agriculture et du commerce, en réponse à la communication qui lui a été donnée du pourvoi, lesdites observations enregistrées comme ci-dessus, le 4 mai 1874, et tendant au rejet de la requête, par le motif que les travaux, dont la suspension a été ordonnée par le préfet, compromettaient gravement la source Lucas et même les sources du Puits-Carré et de la Grande-Grille, sises à une faible distance (1), et que, dans ces circonstances, l'autorité préfectorale n'a fait qu'user, dans un intérêt

---

(1) Les agents chargés de renseigner M. le ministre, n'en croyaient rien ; ce qui explique pourquoi ils ont éludé, tant qu'ils ont pu, toutes vérifications contradictoires ; et quand, mis en demeure, par moi, il a fallu procéder, la fausseté de leurs allégations a été péremptoirement et publiquement démontrée.

public (1), des pouvoirs qui lui sont conférés par les articles 5 et 6 de la loi du 14 juillet 1856 ; — Vu ensemble un rapport du préfet du département de l'Allier, en date du 18 avril 1874, transmis à l'appui desdites observations, et dont le ministre déclare s'approprier les conclusions ;

Vu les rapports et avis des Ingénieurs des mines, en date des 3 et 5 décembre, 4 et 10 février ; 16, 17 et 18 mars 1874 ;

Vu les autres pièces produites et jointes au dossier ;

Vu la loi du 14 juillet 1856, notamment les articles 5 et 6 ;

Vu le décret du 8 septembre suivant, notamment les articles 17 et 18 ;

Vu le décret du 23 janvier 1861, qui a déclaré d'intérêt public diverses sources minérales appartenant à l'Etat et situées dans les communes de Vichy, de Cusset et d'Hauterive ;

Vu la loi des 7-14 octobre 1790 et celle du 24 mai 1872 ;

Ouï M. Mathéus, auditeur, en son rapport ;

Ouï Me Bozérian, avocat du sieur Larbaud, en ses observations ;

Ouï M. Laferrière, maître des requêtes, commissaire du Gouvernement en ses conclusions ;

Considérant qu'en admettant même que les travaux entrepris par le sieur Larbaud, soient de nature à rentrer dans la catégorie de ceux dont le Préfet pouvait ordonner provisoirement la suspension, par application de l'article 5 de la loi ci-dessus visée du 14 juillet 1856, il résulte de l'instruction que les formalités préalables prescrites, dans ce cas, par les articles 17 et 18 du décret du 8 septembre suivant, n'ont pas été observées ; qu'il n'a pas été procédé dans l'espèce, en présence du sieur Larbaud, aux opérations de jaugeage

---

(1) C'est dans l'intérêt exclusif de la Compagnie créée. au début de l'Empire, par MM. Orsi et Rouher, qu'il faudrait lire ; elle seule a intérêt à la conservation d'un MONOPOLE qui pèse si lourdement sur les étrangers qui visitent Vichy. Ceux-ci ne demanderaient pas mieux qu'on utilisât les eaux de la source Prunelle à alimenter un établissement de plus de CENT cabinets de bains qui les affranchirait de ce monopole.

Après avoir employé tous les moyens légaux et illégaux pour paralyser mon entreprise, les protecteurs de la Compagnie de Vichy m'ont menacé de recourir a la violence. Je dénonce ces procédés au Gouvernement et à l'opinion publique.

N. L.

exigées par lesdits articles, pour établir l'influence des travaux sur le régime des sources voisines, leur débit et la composition de leurs eaux ; qu'il n'a été dressé aucun procès-verbal de vérification contradictoire de ces faits, et qu'il n'est pas même établi que le sieur Larbaud ait été appelé antérieurement à l'arrêté de suspension rendu contre lui, à présenter ses observations ; qu'il suit de là que l'arrêté ci-dessus visé du préfet du département de l'Allier n'a pas été régulièrement rendu, et qu'il y a lieu d'annuler ledit arrêté comme entaché d'excès de pouvoirs ;

Décide :

ARTICLE 1er.

Est annulé pour excès de pouvoirs l'arrêté ci-dessus visé du préfet de l'Allier, en date du 6 décembre 1873, qui a ordonné la suspension des travaux entrepris par le sieur Larbaud.

ARTICLE 2.

Expédition de la présente décision sera transmise au Ministre de l'agriculture et du commerce.

Délibérée dans la séance du 7 août 1874, où siégeaient MM. du Martroy, conseiller d'Etat présidant ; Collignon, Tranchant, Andral, Marbeau, de Montesquiou, de Bellémayre, Bourgeois et Perret, conseillers d'Etat.

Lue en séance publique, le 7 août 1874.

Le conseiller d'Etat, présidant la séance,

Signé : Vicomte DU MARTROY.

L'auditeur rapporteur,

Signé : Fréd. MATHÉUS.

Le secrétaire du contentieux,

Signé : CAILLE.

La République mande et ordonne au Ministre de l'Agriculture et du Commerce, en ce qui le concerne, et à tous huissiers à ce requis, en ce qui concerne les voies de droit commun contre les parties privées, de pourvoir à l'exécution de la présente décision.

Pour expédition conforme :

Le Secrétaire du contentieux du Conseil d'Etat,

Signé : CAILLE.

Pour copie conforme :

Pour le Conseiller d'État, Secrétaire général du Ministère de l'Agriculture et du Commerce,

Le chef du bureau du Secrétariat général,

H. SIMON.

M. le préfet de l'Allier était bien loin de s'attendre à cet échec; il avait dans la puissance de ses supérieurs une telle confiance, qu'il considérait déjà son arrêté comme définitif. A la date du 25 mai 1874, il prenait donc un deuxième arrêté destiné à assurer l'exécution du premier. M. le préfet avait compté sans le Conseil d'Etat qui lui a prouvé son existence et son indépendance, en annulant comme entaché d'excès de pouvoirs, son second arrêté, comme il avait annulé le premier.

Ainsi :

AU NOM DU PEUPLE FRANÇAIS,

Le Conseil d'Etat statuant au contentieux,

Sur le rapport de la section du contentieux,

Vu la requête sommaire et le mémoire ampliatif présentés par le sieur Larbaud, pharmacien demeurant à Vichy, ladite requête et ledit mémoire enregistrés au secrétariat du contentieux du Conseil d'Etat, les 8 et 18 juin 1874, et tendant à ce qu'il plaise annuler pour excès de pouvoirs un arrêté en date du 25 mai précédent, par lequel le préfet du département de l'Allier se fondant sur divers actes, notamment sur un arrêté de police du 6 décembre précédent, qui a été annulé postérieurement pour excès de pouvoirs par un arrêt du Conseil d'Etat du 7 août 1874, et, en outre, sur l'ordonnance royale du 18 juin 1823, portant règlement sur la police des eaux minérales, a fait défense au requérant de livrer au public soit gratuitement, soit à prix d'argent l'eau minérale provenant de ses fouilles et désignée sous le nom de *source Prunèlle;*

Ce faisant, attendu, en premier lieu, que ledit arrêté aurait fait à tort application au requérant d'une disposition de l'ordonnance du 18 juin 1823, qui prescrit qu'aucune eau minérale nouvelle ne pourra être livrée au public qu'après autorisation, alors qu'une autre disposition de la même ordonnance dispense expressément les pharmaciens de cette autorisation; attendu, en deuxième lieu, qu'il n'appartenait à l'autorité administrative, si elle estimait que le requérant avait contrevenu à ladite ordonnance, que de poursuivre l'auteur de la contravention devant les tribunaux compétents, mais que le préfet ne pouvait, sans excès de pouvoirs, après avoir prétendu, par un premier arrêté déféré lui-même à la censure du Conseil d'Etat, interdire les travaux de fouilles du requérant, trancher par un arrêté de police le différend relatif à son exploitation;

Par ces motifs, annuler l'arrêté attaqué avec toutes conséquences de droit;

Vu l'arrêté attaqué;

Vu les observations du Ministre de l'Agriculture et du Commerce, en réponse à la communication qui lui a été donnée du pourvoi, lesdites observations enregistrées comme ci-dessus, le 7 août 1874;

Vu le mémoire en réplique présenté pour le requérant et tendant aux mêmes fins que la demande, ledit mémoire enregistré comme ci-dessus, le 3 novembre 1874;

Vu un arrêté du préfet de l'Allier, en date du 6 décembre 1873, portant que des travaux de fouilles entrepris par le sieur Larbaud, à Vichy, dans le voisinage des sources d'eau minérale appartenant à l'Etat, seront immédiatement suspendus;

Vu la décision du Conseil d'Etat au contentieux, en date du 7 août 1874, portant que l'arrêté précité est annulé pour excès de pouvoirs;

Vu l'ordonnance royale du 14 juin 1823;

Vu la loi des 7 et 14 octobre 1790, et celle du 24 mai 1872;

Ouï M. Mathéus, auditeur en son rapport;

Ouï Me Bozérian, avocat du sieur Larbaud, en ses observations;

Ouï M. Laferrière, maître des requêtes, commissaire du Gouvernement, en ses conclusions;

Considérant que, par son arrêté en date du 25 mai

1874, le préfet de l'Allier se fondant sur un arrêté du 6 décembre précédent, qui avait ordonné la suspension des travaux de fouilles entrepris par le sieur Larbaud, pharmacien à Vichy, dans le voisinage des sources d'eau minérale appartenant à l'Etat, lui a interdit de livrer au public, soit gratuitement, soit à prix d'argent, l'eau minérale provenant des fouilles qu'il a indûment exécutées et qu'il exploite sous le nom de *source Prunelle;* que cet arrêté a été rendu en vertu de la disposition du précédent arrêté, et qu'il n'a eu pour objet que d'en assurer l'exécution;

Considérant que l'arrêté du 6 décembre 1873, qui avait ordonné par application de la loi du 14 juillet 1856, la suspension des travaux de fouilles entrepris par le sieur Larbaud, a été annulé pour excès de pouvoirs par l'arrêt au contentieux ci-dessus visé du 7 août 1874; que, d'ailleurs, si la loi du 14 juillet 1856 autorise, dans certains cas, le préfet à prononcer la suspension des travaux de fouilles entrepris dans le voisinage des sources d'eau minérale déclarées d'utilité publique, aucune disposition de cette loi ne l'autorisait à interdire la vente provenant de ces fouilles, sauf à l'administration, au cas où la vente de ces eaux constituerait une contravention à une disposition de l'ordonnance du 18 juin 1823, à poursuivre la répression de cette contravention devant les tribunaux compétents; qu'il suit de là qu'il y a lieu d'annuler l'arrêté attaqué par excès de pouvoirs;

Décide :

Art. 1er. L'arrêté ci-dessus visé du préfet de l'Allier, est annulé pour excès de pouvoirs.

Art 2. Expédition de la présente décision sera transmise au ministre de l'agriculture et du commerce.

Délibérée dans la séance du 29 janvier 1875, où siégeaient MM. Andral, vice-président du Conseil d'Etat, présidant; du Martroy, président du contentieux; Collignon, Tourret, Tranchant, Marbeau, de Ségur, de Montesquiou, Pascalis, Bourgeois et Perret, conseillers d'Etat.

Lue en séance publique, le 5 février 1875.

Le vice-président du Conseil d'Etat,
Signé : Paul ANDRAL.

L'auditeur rapporteur,
Signé : Fréd. MATHÉUS.

Le secrétaire du contentieux,
Signé : CAILLE.

La République mande et ordonne au ministre de l'agriculture et du commerce, en ce qui le concerne, et à tous huissiers à ce requis, en ce qui concerne les voies de droit commun contre les parties privées, de pourvoir à l'exécution de la présente décision.

Pour expédition conforme :
Le secrétaire du contentieux du Conseil d'Etat,

Signé : CAILLE.

Le secrétaire d'Etat, secrétaire général du ministère de l'agriculture et du commerce,

Signé : OZENNE.

Pour copie conforme :
Le secrétaire général,

LEMAIRE.

Pour essayer de donner satisfaction à M. le préfet, je me suis empressé de remplir, bien que ma qualité de pharmacien m'en dispensât, toutes les formalités nécessaires pour obtenir l'autorisation d'exploiter ma source, et je suis allé moi-même, au mois de juin 1874, remettre à M. le Ministre du Commerce, avec ma pétition, un échantillon de mon eau, pourvu d'un certificat régulier en constatant l'origine.

M. le Ministre, en présence d'un témoin dont il ne récusera pas le témoignage, me promit de donner suite à ma demande, dès que le Conseil d'Etat aurait statué sur l'arrêté préfectoral du 6 décembre 1873, si la décision m'était favorable. M. Dumoustier de Fredilly, directeur du commerce intérieur au ministère du commerce, avait fini par me faire une semblable promesse; — Cependant, le 7 août 1874, le Conseil d'Etat a annulé l'arrêté préfectoral en question, malgré les manœuvres de MM. Rouher, Denière et consorts. Après de nombreuses lettres restées sans réponse, j'ai été forcé de rappeler à MM. Grivart et Dumoustier leurs promesses par Me Gendret, huissier à Versailles.

L'an mil huit cent soixante-quatorze, le huit décembre, à la réquisition de monsieur Nicolas Larbaud, pharmacien, demeurant à Vichy (Allier), place Lucas, faisant élection de domicile en sa demeure et encore en mon étude, j'ai, Julien-Louis Gendret, huissier près le tribunal de Versailles, y demeurant, rue de la Paroisse, numéro soixante-deux, soussigné, signifié et déclaré à monsieur Grivart, ministre de l'agriculture et du commerce, en ses bureaux sis à Versailles au palais, où étant et parlant à monsieur Duchaussois, faisant fonctions de chef du cabinet ainsi déclaré, et qui a visé le présent original que le requérant lui a remis le vingt-six juin dernier, une pétition sur papier timbré, tendant à obtenir l'autorisation d'exploiter, pour l'usage médical, la source Prunelle, qu'il a découverte l'an dernier dans un immeuble à lui appartenant et situé place Lucas et rue Montaret, à Vichy-les-Bains ;

Qu'à cette pétition était annexé le certificat de puisement, dressé par Mᵉ Dubost, notaire à Vichy, le huit juin mil huit cent soixante-quatorze, et enregistré à Cusset le lendemain, par monsieur Consigny, qui a perçu les droits d'un échantillon de l'eau provenant de la dite source, lequel échantillon était en même temps déposé au bureau sanitaire du ministre de l'agriculture et du commerce ;

Que cet échantillon qui aurait dû être transmis de suite à l'Académie nationale de médecine, pour être soumis à l'analyse chimique, est encore dans le susdit bureau ;

Que de nombreuses lettres de rappel ont été adressées à monsieur le ministre et sont restées sans réponse, et qu'enfin, à la date du vingt-sept novembre dernier, monsieur le ministre répondant à une dernière invitation faite par lettre chargée du vingt-six dudit mois de novembre, oppose de la demande du requérant une objection qui ne paraît pas devoir souffrir un examen approfondi et semble être un moyen dilatoire pour ajourner indéfiniment une solution, ajournement qui est dans l'intérêt de la compagnie de Vichy, au détriment de celui du requérant ;

En conséquence, j'ai invité monsieur le ministre de l'agriculture et du commerce, en parlant comme il est dit ci-dessus, à vouloir bien transmettre sans plus de délai l'échantillon de l'eau de la source Prunelle, dont il a été question ci-dessus à l'Académie de médecine, pour ensuite sur le rapport de cette Académie. être statué par qui de droit ce qu'il appartiendra ;

A ce que monsieur le ministre de l'agriculture et cu commerce n'en ignore, et je lui ai en parlant comme dessus, laissé copie du présent sous toutes réserves utiles et nécessaires ; dont acte rédigé sur modèle à moi remis par le requérant, et à lui faire

rendre. Le coût est de onze francs trente-cinq cent
times; et a le requérant signé avec moi, tant le présen-
que la copie. Il a été employé pour la copie de la présente signification une demi-feuille de papier spécial
dont le montant est de soixante centimes.

Signé : GENDRET.

Enregistré à Versailles, le neuf décembre mil huit
cent soixante-quatorze, folio deux, case sept, reçu trois
francs soixante-quinze centimes, y compris le décime
3 fr. 75 c.

Signé : N. LARBAUD.

Vu et reçu copie dudit exploit, ce huit décembre
mil huit cent soixante-quatorze.

Pour le ministre et par ordre faisant fonction de
chef de cabinet.

Signé : S. DUCHAUSSOIS.

Une deuxième sommation, la première étant de-
meurée sans réponse, fut faite à M. le Ministre, à la
date du 17 février 1875. Enfin, le 8 mars, M. le Ministre crut devoir se décider à répondre à ma requête
et me fit écrire la lettre suivante :

Moulins, le 8 mars 1875.

Monsieur,

Les échantillons d'eau minérale que vous avez
adressés à M. le Ministre de l'Agriculture et du Commerce ayant pu subir des altérations qui les rendraient
impropres à l'analyse, M. le Ministre vient de me
charger de vous inviter à lui faire parvenir de nouveaux échantillons.

Le puisement aura lieu en présence de M. le Méde-
cin-Inspecteur des eaux de Vichy et de M. le Commissaire spécial de Vichy, que je délègue à cet effet. Il
devra être fait conformément aux instructions de l'A-
cadémie de médecine, dont j'adresse un exemplaire
à M. Dubois. Le certificat à intervenir devra être fourni
en triple expédition, dont deux devront m'être adressées.

L'opération à laquelle il sera procédé n'implique en
aucune façon l'acquiescement de l'administration su-
périeure à vos prétentions, en ce qui touche la propriété de la source à laquelle vous avez donné le nom
de *Prunelle;* les questions en litige restent entières,

et M. le Ministre de l'Agriculture et du Commerce fait à cet égard toutes les réserves que de droit.

Agréez, monsieur, l'assurance de ma considération très-distinguée.

Le Préfet de l'Allier,

NERVO.

Quelques jours après M. le préfet m'informait que les nouveaux échantillons avaient été transmis par M. le ministre à l'Académie nationale de médecine, qui avait été invitée à faire procéder d'urgence à leur analyse.

Et puis, au moment où j'attendais avec impatience les résultats de cette analyse et l'autorisation d'exploiter ma source, qui en devait être la conséquence, M. le Préfet de l'Allier m'a fait remettre la sommation suivante :

L'an mil huit cent soixante-quinze, le trois juin ;

A la requête de monsieur Fernand de Nervo, préfet du département de l'Allier, agissant au nom de l'Etat, lequel élit domicile en la demeure de moi, huissier soussigné ;

J'ai, Paul-Jean-Baptiste Hétier, huissier près le tribunal civil de première instance séant à Cusset, y demeurant ;

Signifié, dit et déclaré au sieur Larbaud, pharmacien demeurant à Vichy, en son domicile, où étant et parlant à sa personne ;

Qu'il ne peut ignorer avoir, dans la fin de l'année 1873 et dans le courant de l'année 1874, *entrepris malgré la défense de l'administration à Vichy,* dans une propriété lui appartenant, *des travaux ayant pour objet le captage d'une source d'eau minérale;*

Que ces travaux sont faits dans le périmètre de protection des sources de Vichy, propriété de l'Etat, qui a par conséquent le droit de faire détruire les travaux *illégalement entrepris et poursuivis,* dans le cas où il serait constaté que ces travaux sont nuisibles à sa propriété ;

Que sa prétention est que les entreprises du compris nuisent à la source dite *source Lucas,* et qu'il réclame dès lors pour ce fait, de la manière la plus formelle, la destruction de tous les travaux dont il s'agit ;

Mais que cette destruction ne peut être réclamée et ordonnée qu'autant qu'aux termes des lois et décrets sur la matière, et notamment du décret du 8 septembre 1856 (articles 16 et 17), des expériences auront été faites à l'effet de bien constater l'altération ou la diminution de la source de l'Etat;

En conséquence, j'ai fait savoir au sieur Larbaud que des expériences seront commencées le lundi, 14 juin courant, à 7 heures du matin, et continueront les jours suivants, par MM. les Ingénieurs des mines, dans sa propriété et sur la source Lucas;

Je lui ai, au besoin, fait sommation de se trouver auxdits lieux, jour et heure, à l'effet d'assister auxdites expériences, le tout en vertu du décret et des articles précités, de fournir tant au commencement d'icelles que pendant leur cours, tous les dires et observations qu'il jugera utiles.

Lui déclarant que lesdites expériences auront lieu tant en sa présence qu'en son absence;

Sous toutes réserves généralement quelconques;

A ce qu'il n'en ignore;

Et je lui ai, en parlant comme dessus, laissé la présente copie, dont le coût est de huit francs soixante-cinq centimes.

HÉTIER.

ARRÊTÉ PRÉFECTORAL QUI COMMET M. DE GOUVENAIN POUR FAIRE LES CCNS TATATIONS DONT M. LE PRÉFET CROIT AVOIR BESOIN POUR COUVRIR SE SINISTRES PROJETS DE DESTRUCTION ET DE VANDALISME, ET QU'IL RÉCLAME DE LA COMPLAISANCE DE CET INGÉNIEUR.

LE PRÉFET DE L'ALLIER,

Vu le décret du 8 septembre 1856;

Vu les instructions de M. le Ministre des Travaux publics et de M. le Ministre de l'Agriculture et du Commerce (1);

Arrête :

Art. 1er. M. l'Ingénieur ordinaire des mines du département de l'Allier est commis pour constater si les travaux exécutés par le sieur LARBAUD (Nicolas), pharmacien à Vichy, dans le voisinage de la source Lucas,

---

(1) Ne seraient-ce pas plutôt les instructions de leurs chefs de services, MM. de Boureuille et Dumoustier de Frédilly, que M. Rouher a jadis implantés dans ces ministères, et qui ont été assez habiles pour s'y maintenir jusqu'à ce jour et y continuer les traditions de leur maître. « Les ministres changent, mais les Bureaux restent et avec eux TOUS LES ABUS, » suivant une parole devenue célèbre.

ont eu pour résultat d'altérer ou de diminuer cette
source.

Art. 2. Des expériences auront lieu dans ce but,
dans les formes tracées par l'article 17 du décret du
8 septembre 1856, le 14 juin courant, à partir de sept
heures du matin, tant sur la source Lucas que sur la
source captée par le sieur Larbaud; elles seront con-
tinuées les jours suivants, s'il y a lieu.

Art. 3. M. l'ingénieur ordinaire des mines est chargé
d'assurer, en ce qui le concerne, l'exécution du présent arrêté, qui sera notifié administrativement au
sieur Larbaud, par les soins de M. le Commissaire
spécial de Vichy.

Moulins, le 2 juin 1875.

Le Préfet de l'Allier,
NERVO.

Réponse du propriétaire de la source Prunelle à à M. le Préfet de l'Allier.

L'an mil huit cent soixante-quinze, le huit juin,

A la requête de monsieur Nicolas Larbaud, propriétaire de la source Prunelle et pharmacien à Vichy,
rue Montaret et place Lucas, pour lequel domicile est
élu en sa dite demeure;

J'ai, Louis Cornier, huissier audiencier près le tribunal civil de première instance séant à Cusset, de-
demeurant audit Cusset, soussigné;

Signifié et déclaré à M. Fernand de Nervo, préfet
de l'Allier, en la qualité qu'il a prise de représentant
du domaine de l'État, au domicile par lui élu, dans
l'acte ci-après relaté, en l'étude de Me Hétier, huissier
à Cusset, où étant et parlant à ce dernier;

Que le requérant proteste, de la manière la plus
formelle, contre les allégations inexactes et les termes
comminatoires contenus dans l'acte extra-judiciaire qui
lui a été notifié par le ministère dudit Hétier, huissier
à Cusset, en date du 3 juin courant; qu'il proteste
également contre les mesures ordonnées par l'arrêté
de M. le préfet de l'Allier, en date du 2 juin 1875;

Attendu que M. de Nervo sait parfaitement que la
source minérale appartenant au requérant a été captée
et aménagée dans le courant de novembre et décembre

1873 et janvier 1874, c'est-à-dire antérieurement au décret rendu le 17 mai suivant, accordant un périmètre de protection aux sources que l'Etat possède à Vichy; d'où il suit que les travaux exécutés dans ces conditions, ne sauraient être aujourd'hui atteints par lui en aucune façon;

Attendu qu'il est difficile de comprendre que M. le préfet vienne invoquer, au mépris de l'autorité des décisions du Conseil d'Etat, qui les ont annulées, les prétendues défenses administratives faites par lui le 6 décembre 1873, au requérant, de continuer ses travaux; que ces défenses étaient, au plus haut degré illégales, arbitraires et abusives;

Qu'en effet, les travaux qu'exécutait M. Larbaud étaient de simples fouilles à ciel ouvert, qu'il était en droit de faire, tant que le périmètre n'était point déterminé, et que M. le préfet ne pouvait légalement suspendre, la loi ne lui attribuant ce pouvoir que pour les sondages ou travaux souterrains (art. 3 et 6 de la loi du 14 juillet 1856);

Qu'au surplus et alors même que ces travaux eussent été de nature à rentrer dans la catégorie de ceux dont M. le préfet pouvait ordonner provisoirement la suspension, l'arrêté de suspension ne pouvait intervenir valablement qu'après l'accomplissement des formalités prescrites par la loi précitée et le décret du 8 septembre 1856, formalités qui n'avaient pas été remplies;

Qu'à ce double point de vue les prétendues défenses administratives étaient nulles;

Que c'est ainsi, au surplus, que l'a décidé souverainement le Conseil d'Etat, statuant au contentieux, les 7 août 1874 et et 29 janvier 1875, en annulant, *pour excès de pouvoirs*, les arrêtés pris par M. le préfet de l'Allier, le 6 décembre 1873 et le 25 mai 1874;

Que M. le préfet ne saurait évidemment se prévaloir d'arrêtés ainsi déclarés nuls par la plus haute juridiction administrative, qui, par suite, n'eussent pu produire aucun effet légal et doivent être tenus comme inexistants;

Attendu qu'en cet état, les menaces que ne craint pas de formuler M. le préfet comme représentant le domaine, de faire détruire des travaux exécutés par le requérant dans l'exercice des droits conférés par les articles du Code civil qui régissent la propriété et que n'infirme en aucune manière la loi du 14 juillet

1856, de même que l'arrêté du 2 juin 1875, qui a été la conséquence de ces menaces, et qui prescrit de nouvelles expériences sur la source captée par M. N. Larbaud en 1873, à l'effet de rechercher si les travaux exécutés par lui à cette époque, dans le voisinage de la source Lucas, ont eu pour résultat d'altérer ou de diminuer cette source qui n'est point et n'a jamais été captée, ne peuvent avoir aucun fondement légal et ne sauraient conduire à aucun résultat juridique;

Qu'en admettant même, ce qui n'est pas, que les travaux de captage et d'aménagement exécutés par ledit M. Larbaud en novembre et décembre 1873 et janvier 1874, eussent pu avoir pour effet d'altérer ou de diminuer le débit de la source Lucas, laquelle n'a été pourvue d'un périmètre de protection que le 17 mai 1874, M. le préfet ne saurait légalement prétendre en poursuivre aujourd'hui la destruction;

Qu'en effet ces travaux, au moment où ils avaient lieu, étaient légalement exécutés, soit parce qu'ils consistaient en de simples fouilles à ciel ouvert, soit parce qu'aucun arrêté de suspension légalement pris n'existait;

Que la loi ne donne point à l'administration le pouvoir que prétend s'arroger M. le préfet de faire détruire, postérieurement au décret portant fixation d'un périmètre de protection, des travaux régulièrement faits et complétement terminés avant ledit décret, alors surtout qu'aucun arrêté de suspension, régulier et valable, n'a été pris;

Que l'on ne se trouve donc pas dans un des cas prévus par les articles 16, 17 et 18 du décret du 8 septembre 1856, où les expériences de jaugeage pouvaient produire un effet juridique, et où M. le préfet et ses agents peuvent être autorisés par la loi à y procéder;

Que si le requérant, dans l'espoir d'éviter toutes difficultés ultérieures, a pu amiablement consentir, en mars 1874 et janvier 1875, sous toutes réserves utiles, à ce que des expériences fussent faites dans sa propriété, aujourd'hui, après les résultats si concluants en sa faveur, desdites expériences, et, en présence de l'acte signifié par M. le préfet, il entend faire respecter, de la manière la plus complète, son droit, et interdire l'entrée de sa maison à M. le préfet ou aux agents exécutant ses ordres, comme n'étant pas dans un des cas où la loi autorise à pénétrer dans la propriété privée contre la volonté du propriétaire.

Par ces motifs;

J'ai signifié audit M. Fernand de Nervo, ès-qualités qu'il agit, que M. N. Larbaud proteste, de la manière la plus expresse, contre les allégations inexactes et les termes comminatoires contenus dans l'acte extra-judiciaire qui lui a été notifié; qu'il proteste également contre l'arrêté pris par M. le préfet, le 2 juin courant, comme ayant été pris illégalement et abusivement;

Et j'ai, en conséquence déclaré à mondit sieur Fernand de Nervo ès-noms, que M. Nicolas Larbaud lui fait défense absolue, à lui et à tous agents exécutant ses ordres, de pénétrer dans sa maison au jour indiqué dans l'acte signifié le 3 juin 1875, à la requête dudit M. de Nervo, préfet de l'Allier, et à tous autres jours pour le même objet, le requérant entendant et voulant faire respecter sa propriété et *s'opposer, par tous les moyens,* à la violation de son domicile, sous la réserve expresse, en cas de violence de la part de M. le préfet ou de ses agents, de se pourvoir par toutes les voies de droit, et notamment de poursuivre contre eux l'application de l'article 184 du Code pénal, sous toutes autres réserves de droit et d'équité;

A ce qu'il n'en ignore;

Et j'ai à M. le préfet de l'Allier, ès-qualités, à domicile élu et parlant comme ci-dessus, laissé copie du présent.

Le coût est de onze francs quinze centimes, papier spécial employé, une feuille; droit dû : un franc vingt centimes.

CORNIER.

Enregistré à Cusset, le 9 juin 1875, folio 185, v°, case 3.

Reçu trois francs soixante-quinze centimes, décime compris.

CONSIGNY.

Et, maintenant qu'il est manifeste pour tous qu'il s'agit là de la violation de tous les principes qui régissent la propriété en France, au profit d'une Compagnie d'industriels, à laquelle l'Etablissement domanial de Vichy a été concédé, à vil prix, au début de l'Empire, et qui, après avoir payé 100,000 francs de fermage à l'État, met de côté ou distribue à ses actionnaires, chaque année, plus de 1,400,000 francs aux dépens des baigneurs et du Trésor public; que cette violation des droits fondamentaux de notre ordre social, ne serait pas seulement préjudiciable à mes très-légitimes intérêts, mais encore à ceux des baigneurs et des habitants de Vichy qui sont appelés à profiter de la concurrence que je me propose d'opposer aux créatures de MM. Rouher et consorts; qu'après avoir succombé dans leurs tentatives, devant le Conseil d'Etat et la Cour de Cassation, mes adversaires se sont décidés à recourir à la violence; il ne me reste plus, dans ces circonstances, qu'une chose à faire, c'est de placer sous la protection de l'autorité judiciaire, ma propriété et mes droits. Au cas où, par impossible, cette protection viendrait à me faire défaut, je me trouverais, alors, dans la regrettable mais absolue nécessité d'y pourvoir moi-même, en laissant à chacun la responsabilité de ses actes.

N. LARBAUD.

Propriétaire de la Source Prunelle,
Pharmacien de première classe
et Membre du Conseil d'arrondissement.

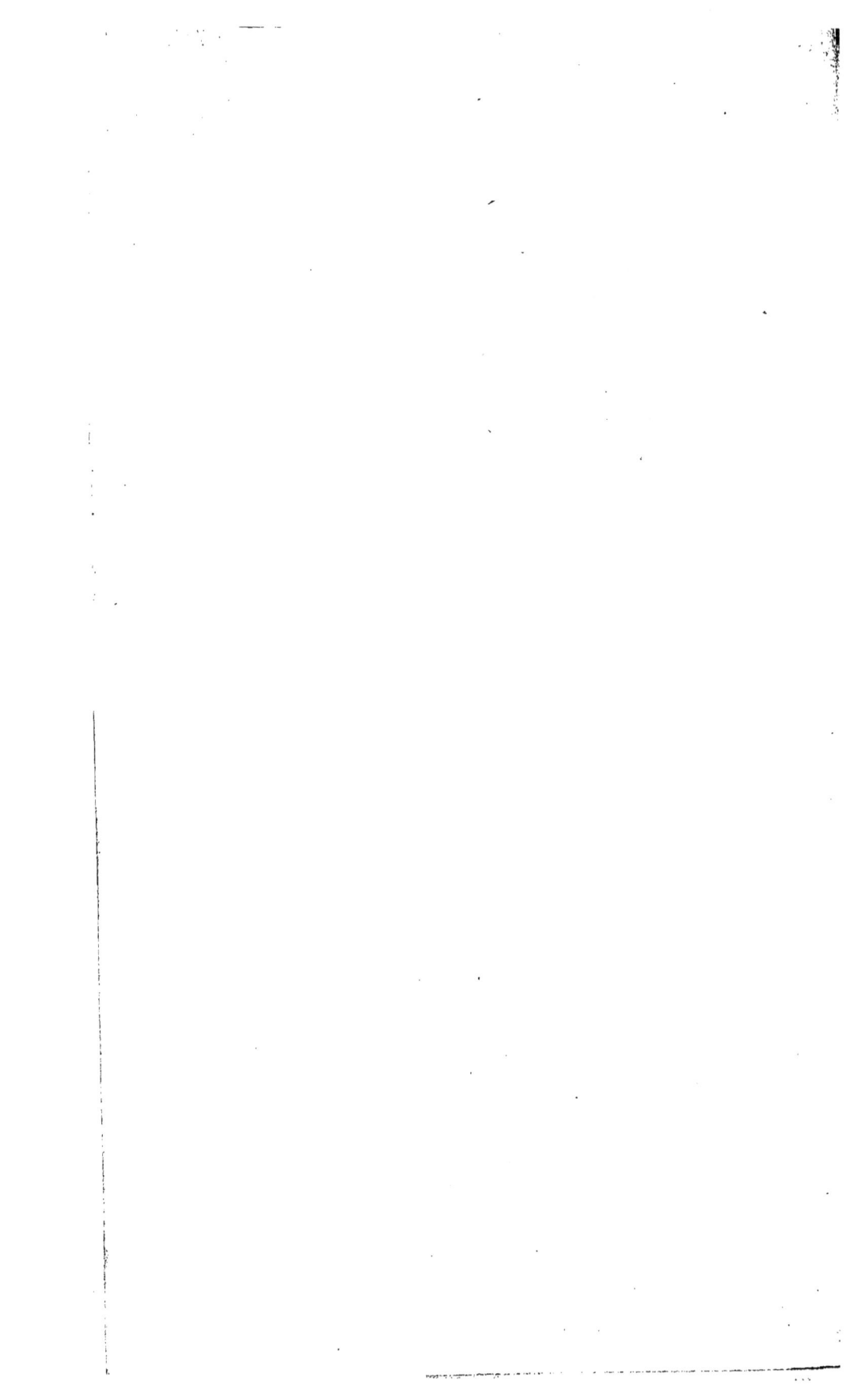

www.ingramcontent.com/pod-product-compliance
Lightning Source LLC
Chambersburg PA
CBHW050451210326
41520CB00019B/6159